Made in the USA
Middletown, DE
27 April 2022

64829844R00073